This Book Belongs to:
_____

 # UNITED STATES

 # CANADA

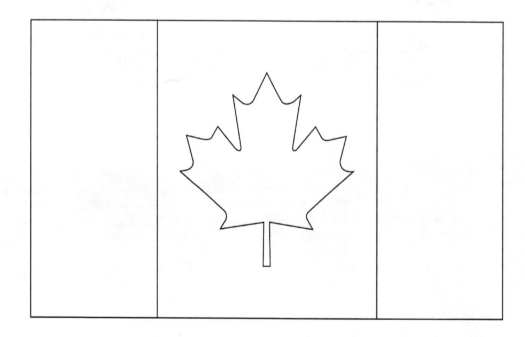

 JAMAICA

 MEXICO

 CUBA

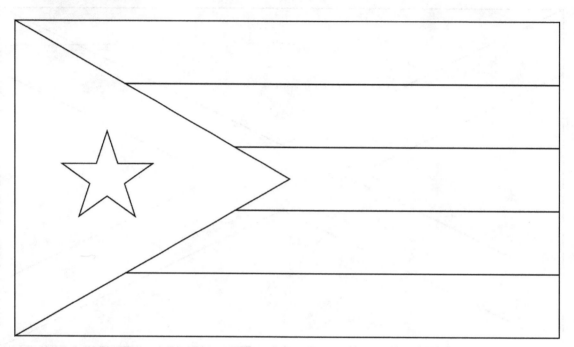

 DOMINICA

ANTIGUA AND BARBUDA

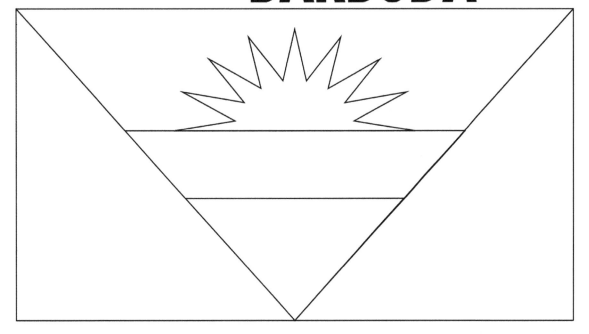

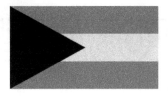

BAHAMAS

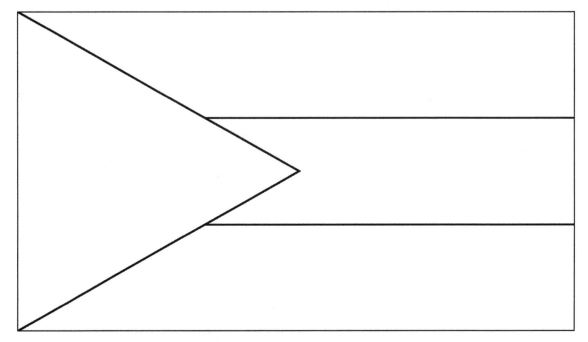

BARBADOS

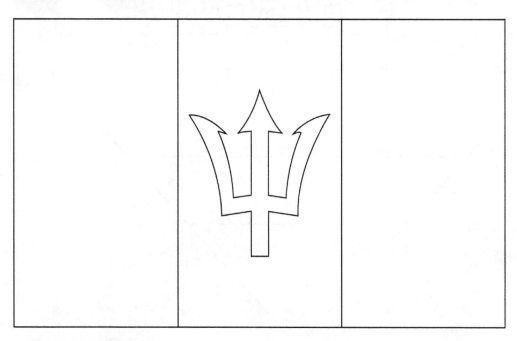

TRINIDAD & TOBAGO

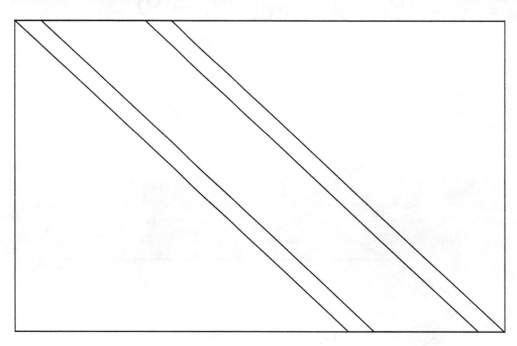

 # NICARAGUA

 # COSTA RICA

 GRENADA

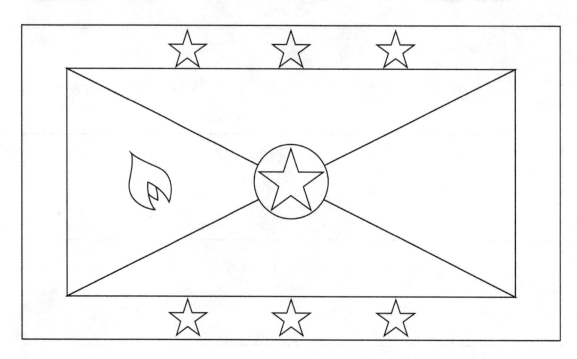

 GREENLAND

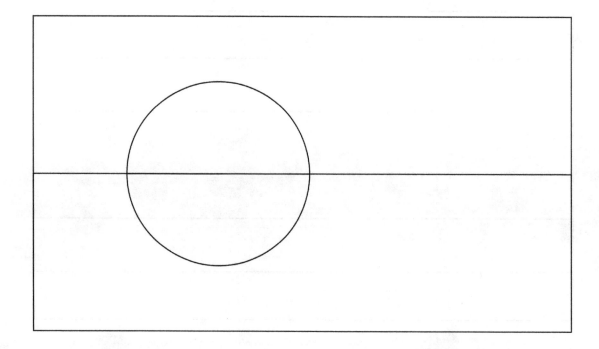

GUATEMALA

 # HAITI

 # PERU

 # VENEZUELA

COLOMBIA

CHILE

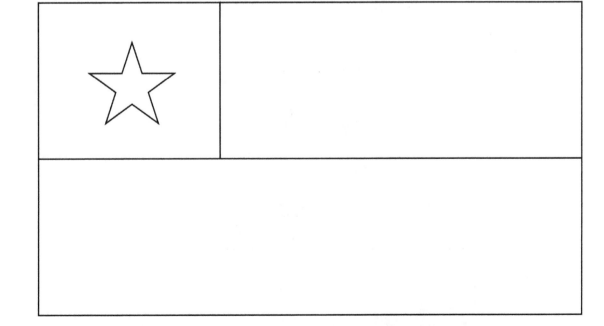

 # URUGUAY

 # ECUADOR

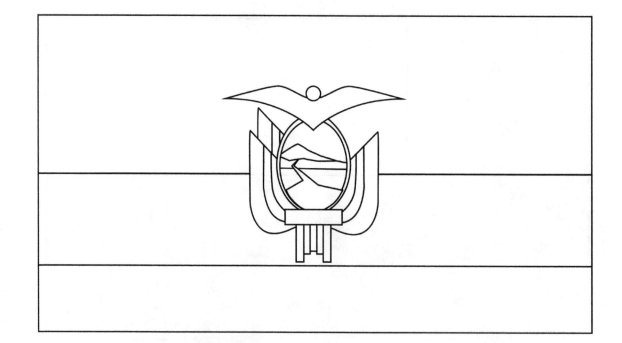

 # PARAGUAY

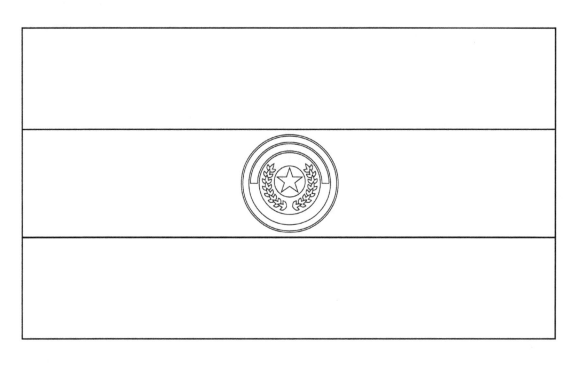

 # BOLIVIA

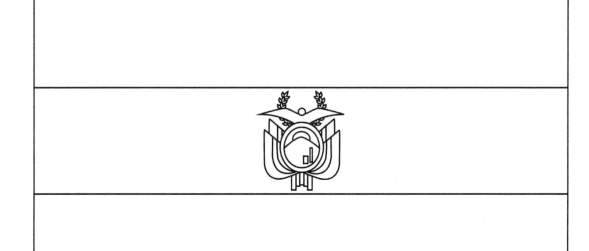

 ARGENTINA

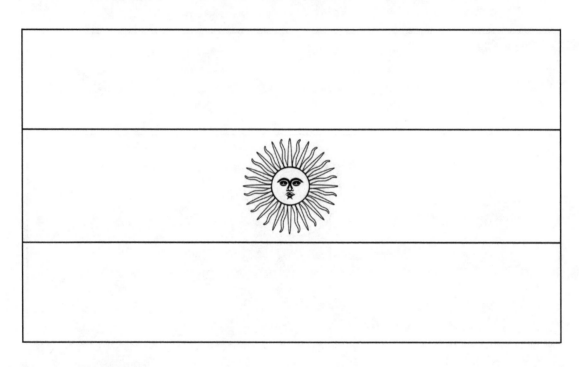

 BRAZIL

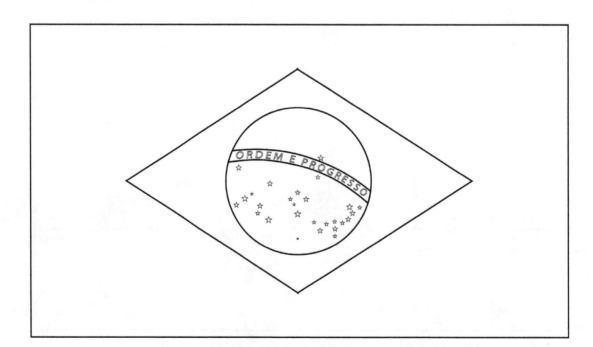

 # CUBA

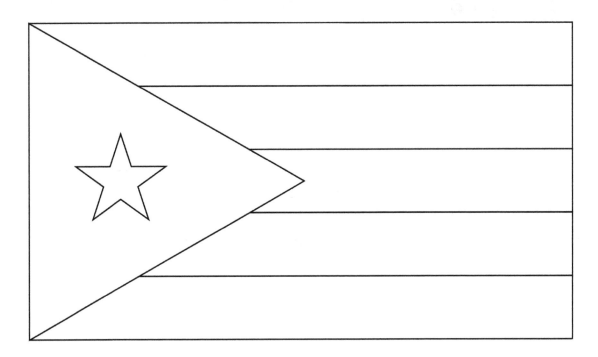

 # EL SALVADOR

DOMINICAN REPUBLIC

SAINT VINCENT & THE GRENADINES

 SAINT LUCIA

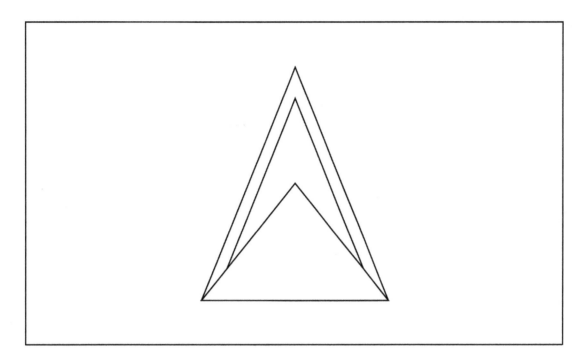

 SAINT KITTS & NEVIS

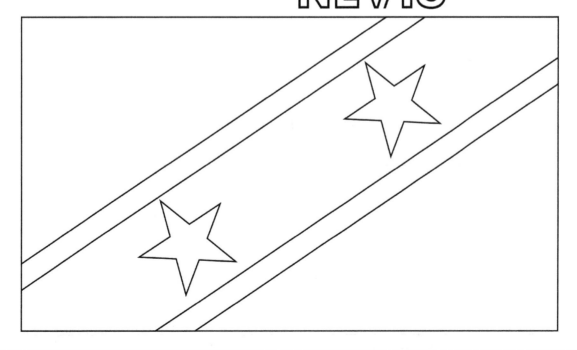

 # HONDURAS

 # PANAMA

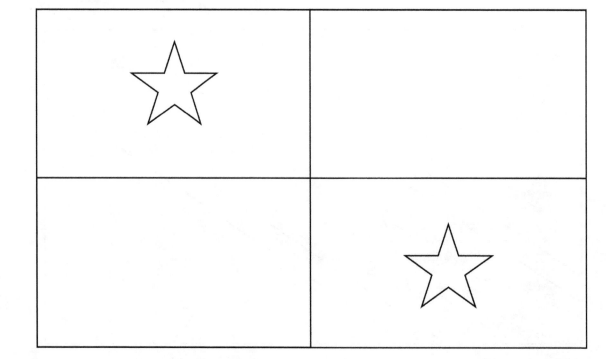

 # AUSTRALIA

 # SAMOA

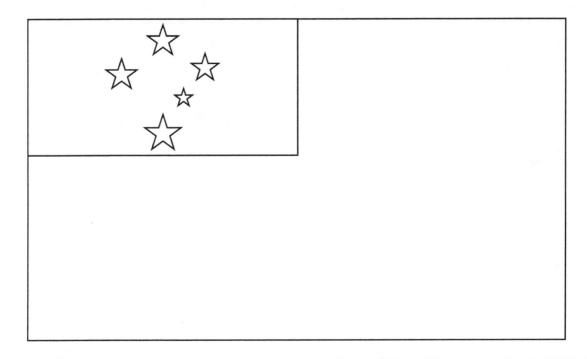

 # KIRIBATI

 # SOLOMON ISLANDS

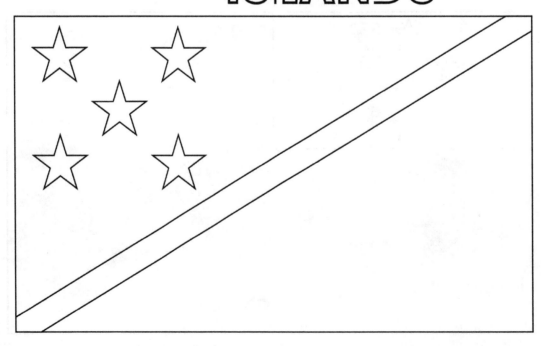

 # MARSHALL ISLANDS

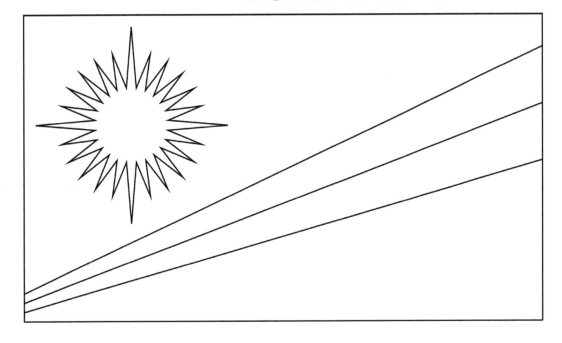

 # MICRONESIA

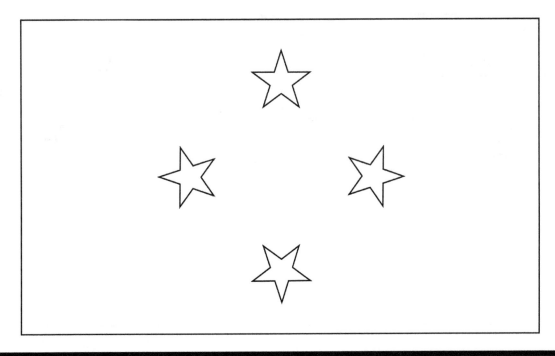

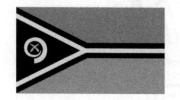 # VANUATU

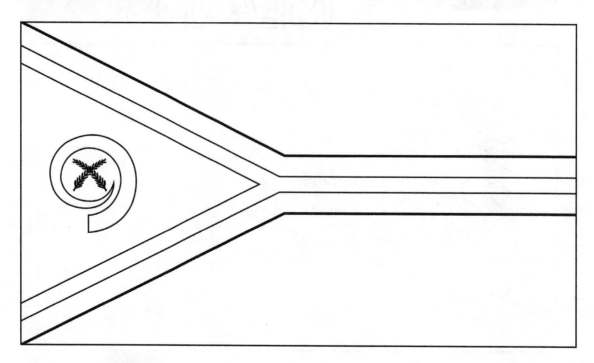

 # NEW ZEALAND

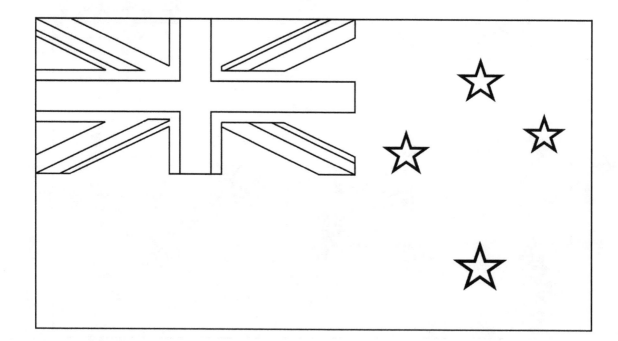

 # PALAU

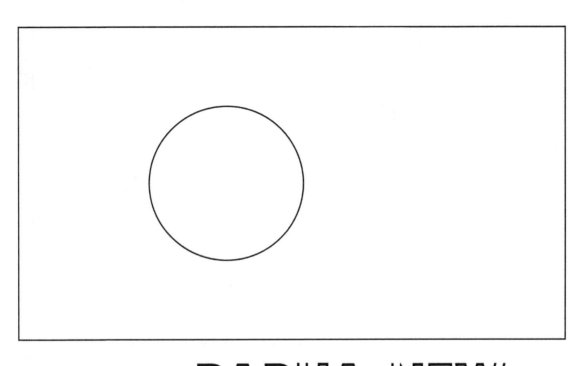

 # PAPUA NEW GUINEA

 # NAURU

 # FIJI

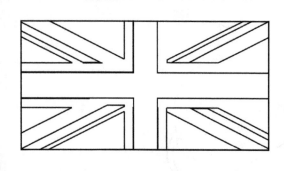

 TUVALU

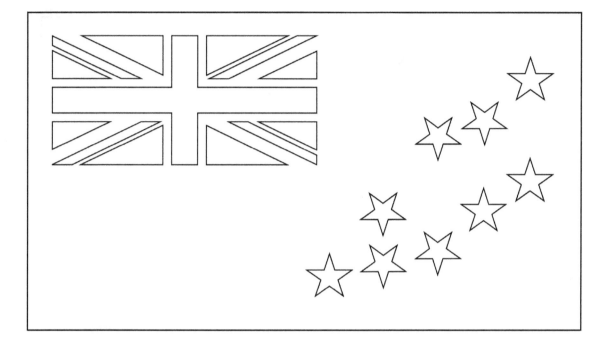

 TONGA

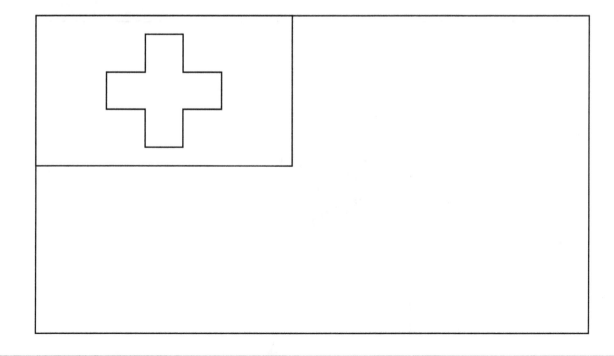

 # ALBANIA

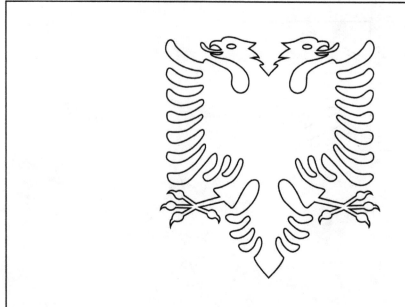

 # ANDORRA

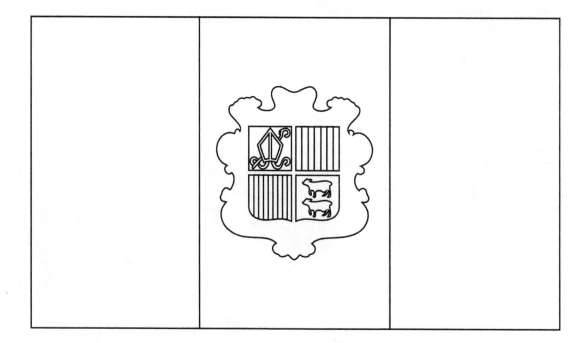

 # GEORGIA

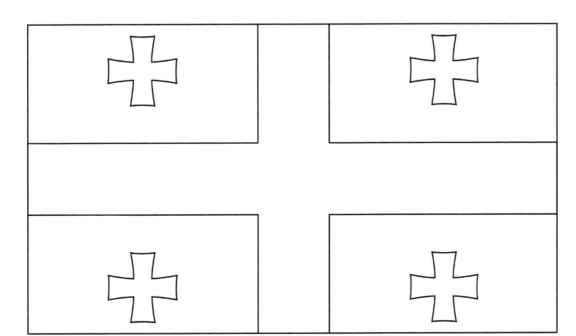

 # CYPRUS

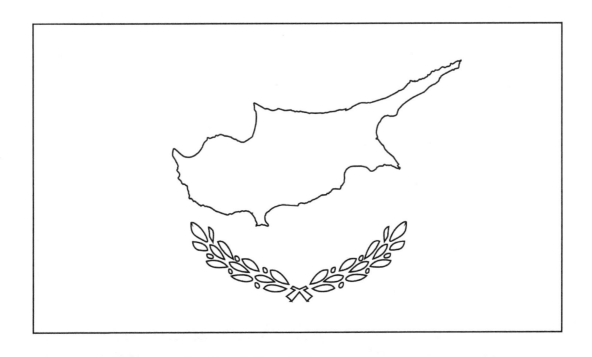

 FRANCE

 GERMANY

 # FINLAND

 # ESTONIA

DENMARK

BULGARIA

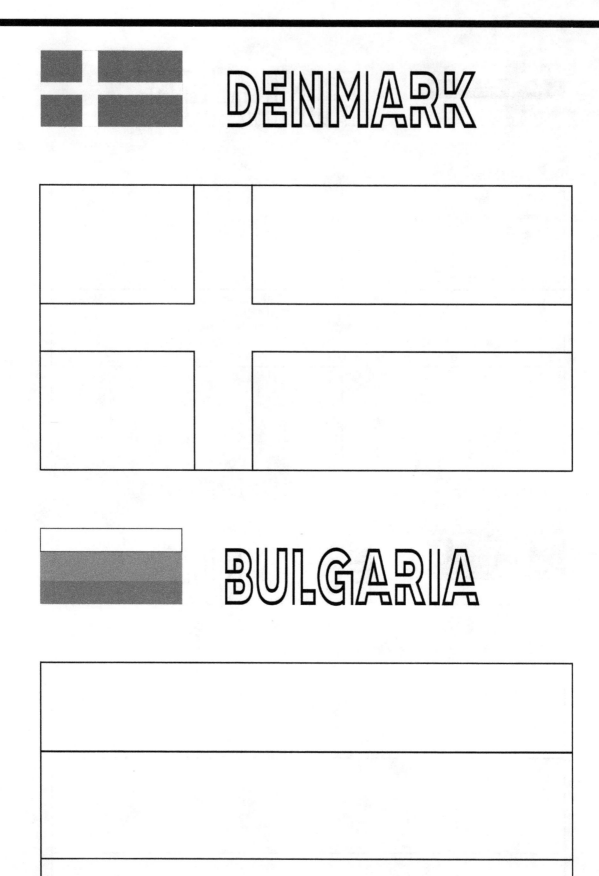

BOSNIA & HERZEGOVINA

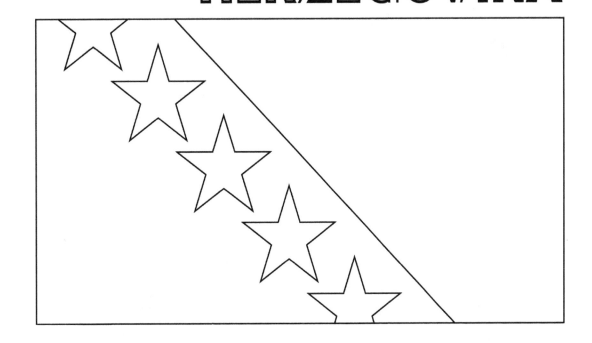

BELGIUM

AUSTRIA

AZERBAIJAN

 # SPAIN

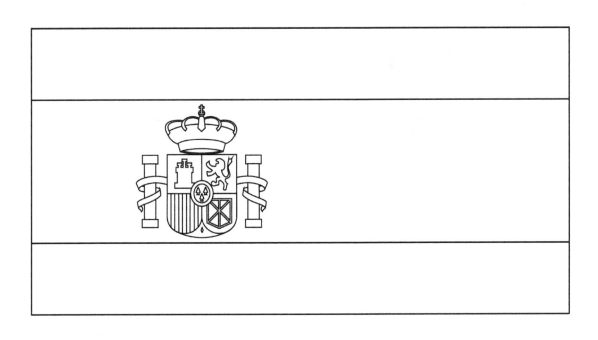

 # ARMENIA

 # SERBIA

 # SLOVENIA

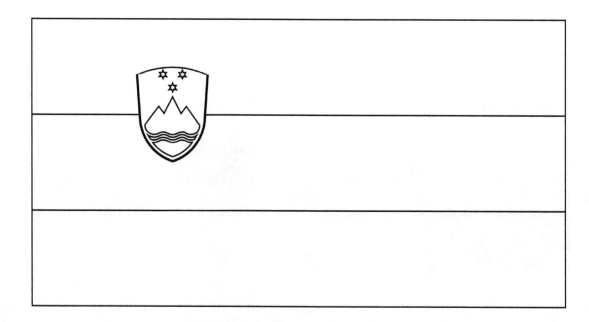

RUSSIA

SAN MARINO

 # MONTENEGRO

 # PORTUGAL

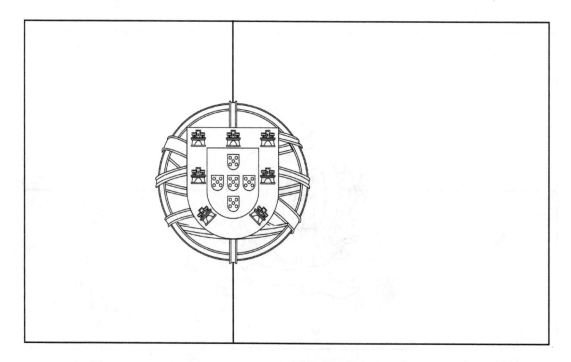

 MACEDONIA

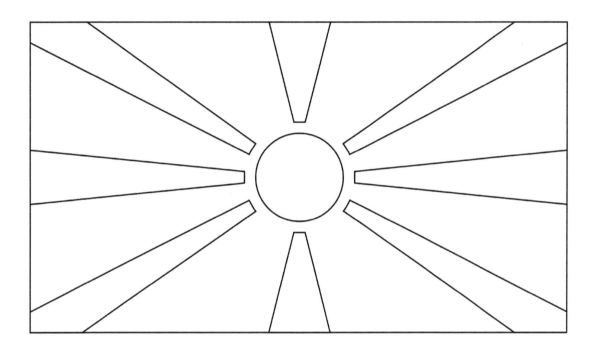

 LUXEMBOURG

 # KOSOVO

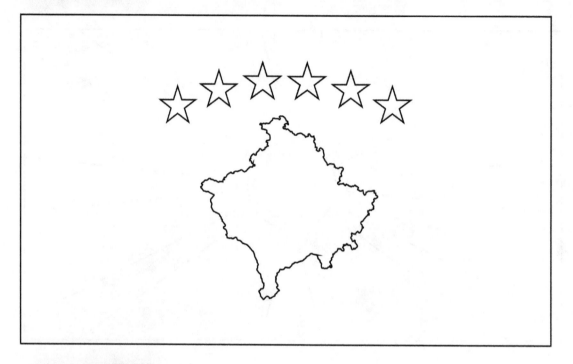

 # LIECHTENSTEIN

HUNGARY

GREECE

 # ICELAND

 # IRELAND

ITALY

KAZAKHSTAN

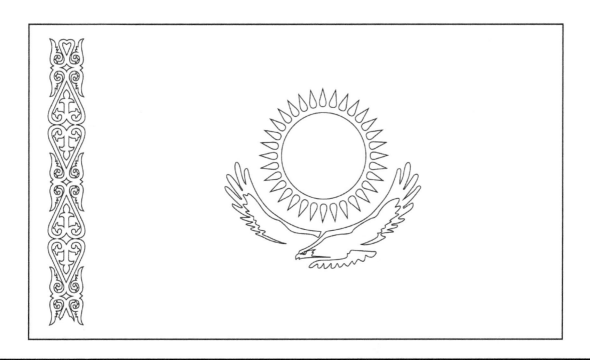

LATVIA

LITHUANIA

 # MOLDOVIA

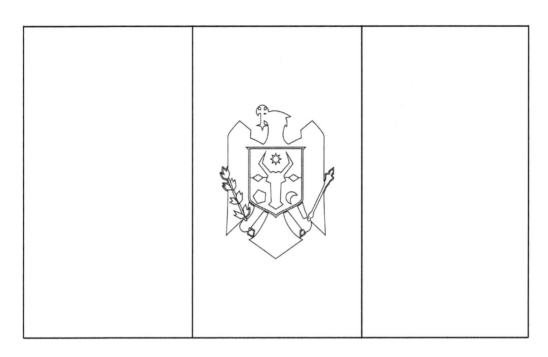

  # MALTA

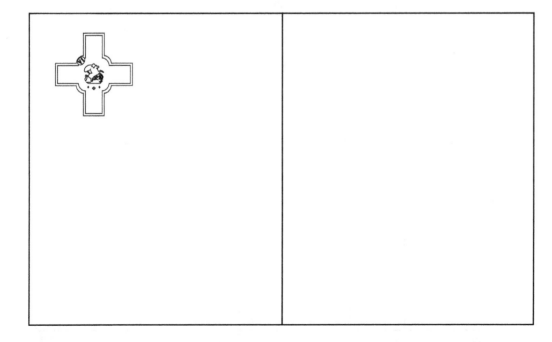

 SLOVAKIA

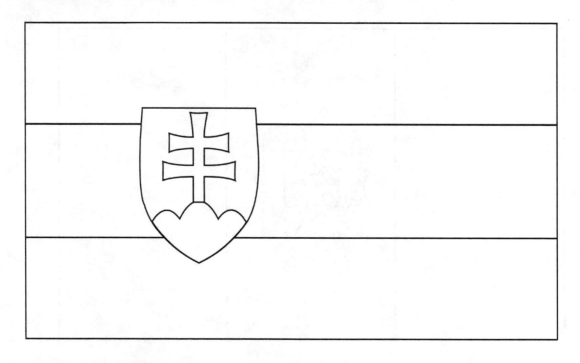

 SWEDEN

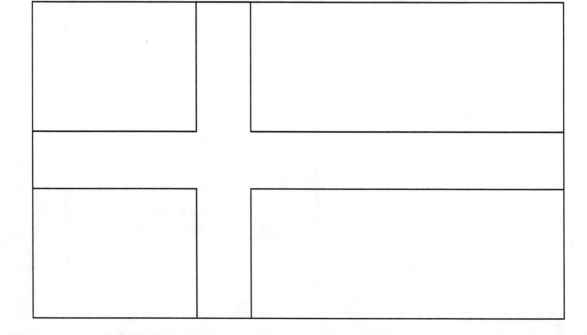

ROMANIA

SWITZERLAND

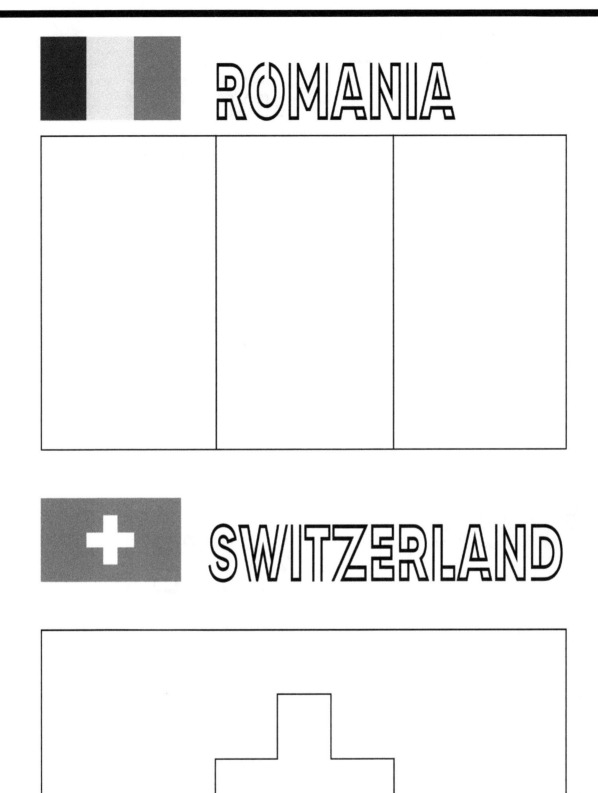

 # TURKEY

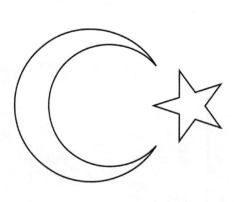

UKRAINE

 CZECHIA

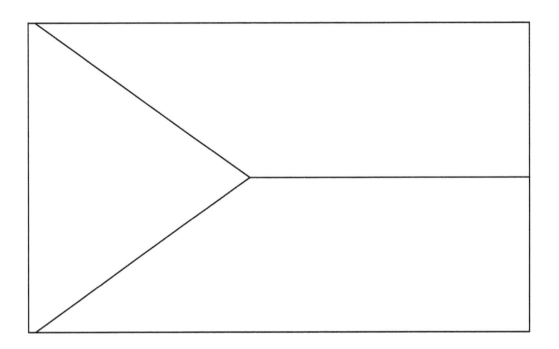

 UNITED KINGDOM

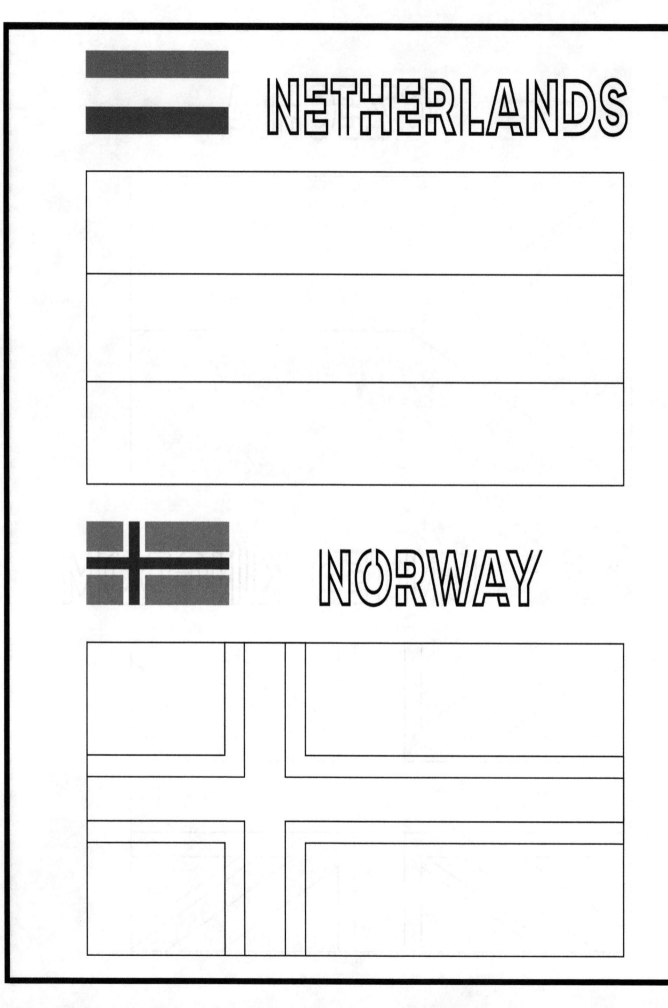

 # SCOTLAND

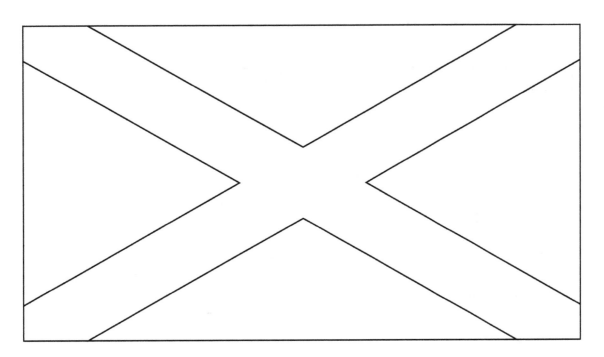

 # WALES

 # ESWATINI

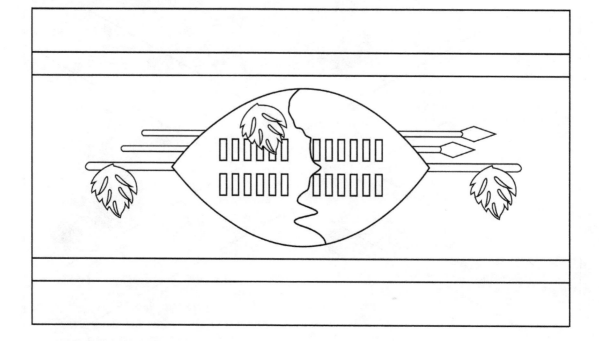

 # ETHIOPIA

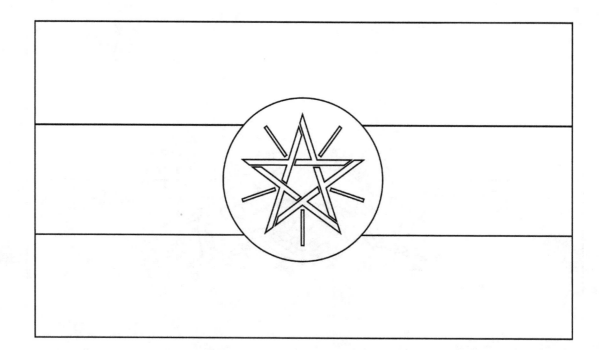

 # DJIBOUTI

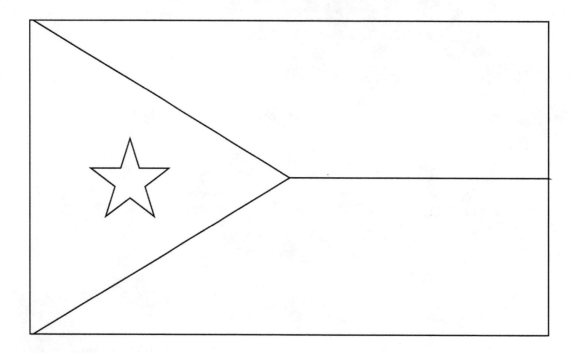

 # ERITREA

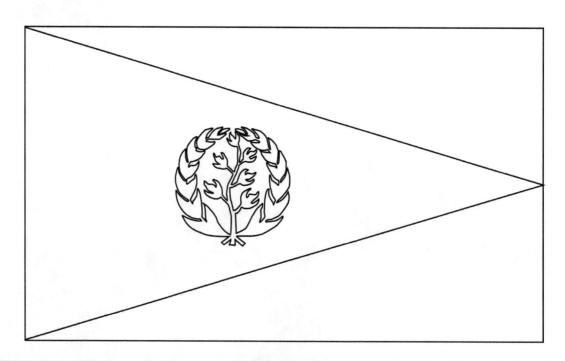

EGYPT

IVORY COAST

 # CONGO REPUBLIC

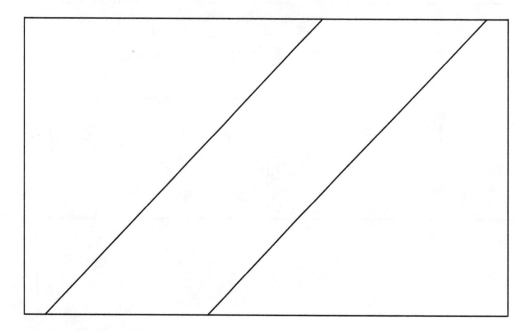

 # CONGO

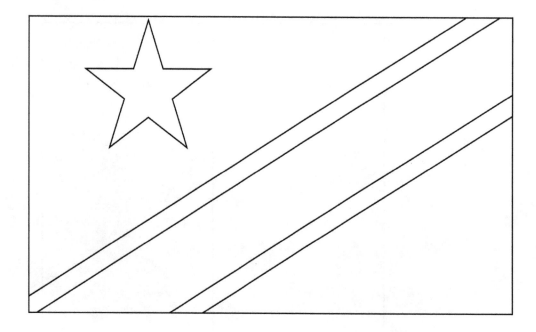

COMOROS

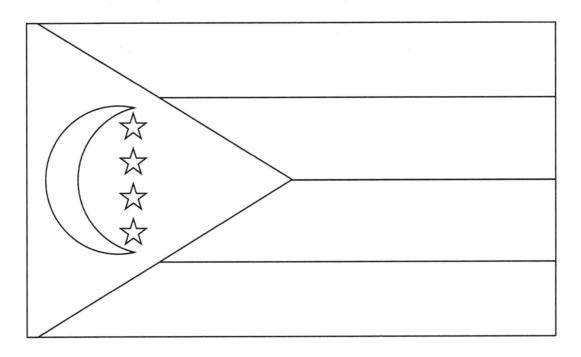

CHAD

CENTRAL AFRICAN REPUBLIC

CAMEROON

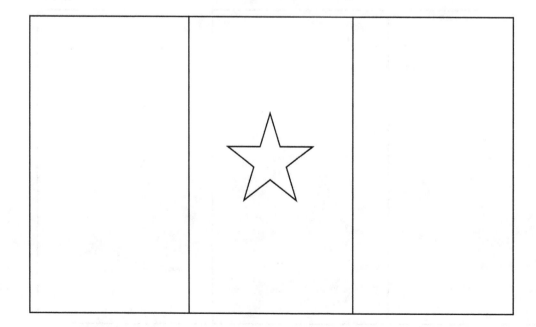

 # BURUNDI

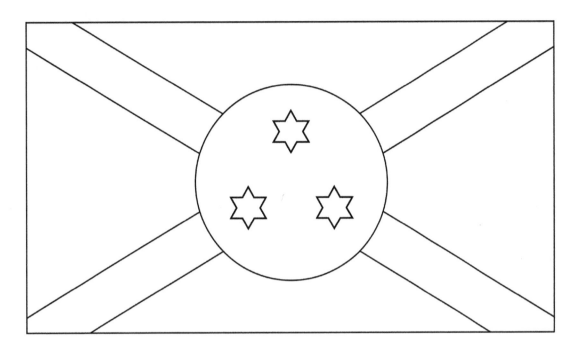

 # BURKINA FASO

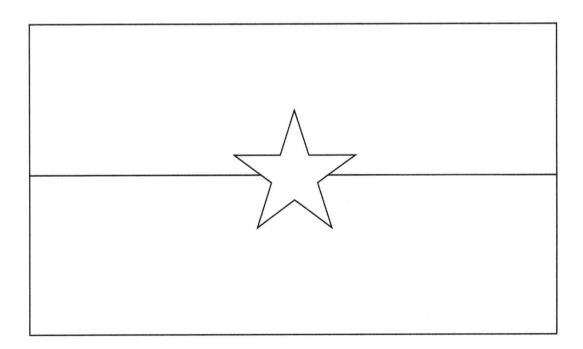

 # ALGERIA

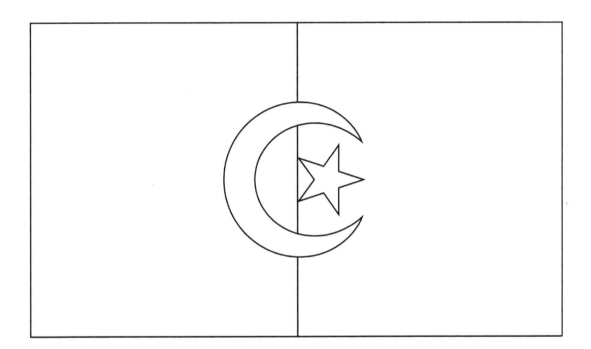

 # ANGOLA

ENGLAND

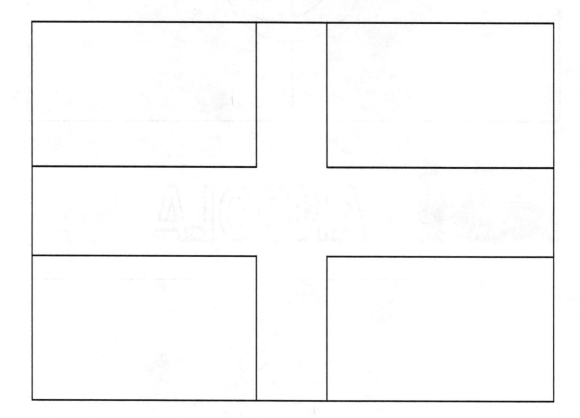

GABON

GAMBIA

GUINEA

GHANA

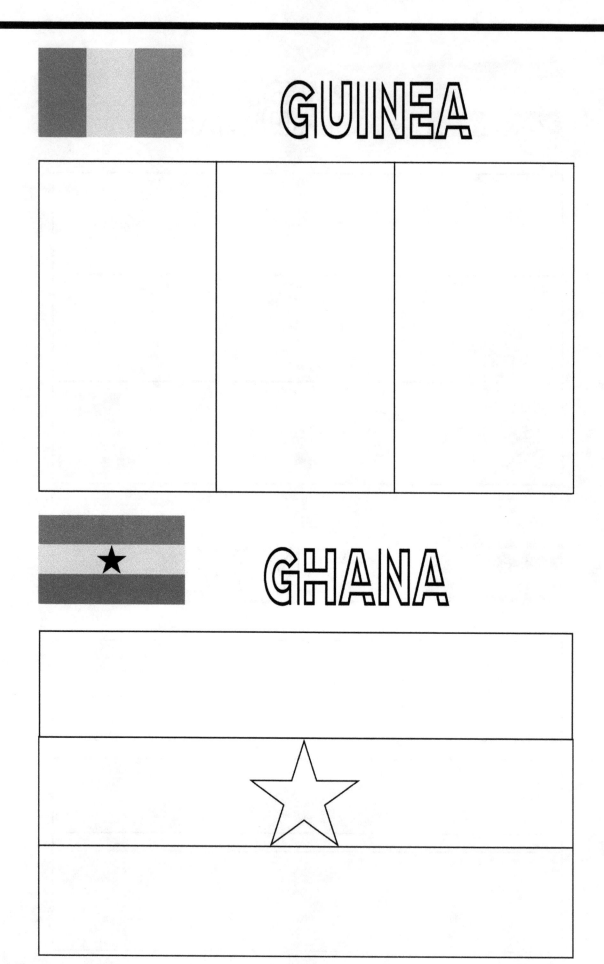

MADAGASCAR

GUINEA BISSAU

MALI

MALAWI

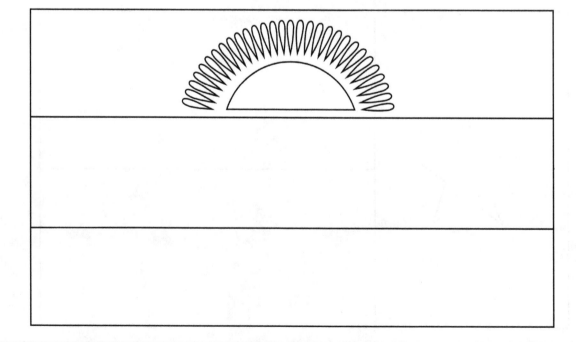

 MAURITANIA

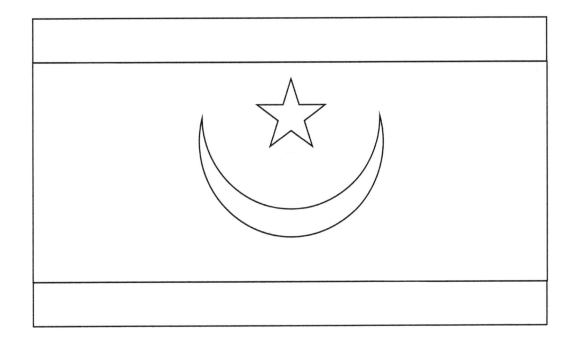

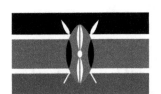 KENYA

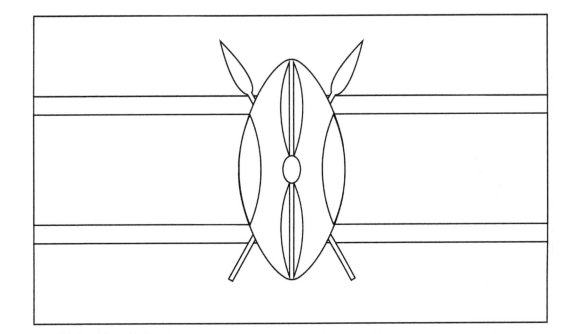

 # MOROCCO

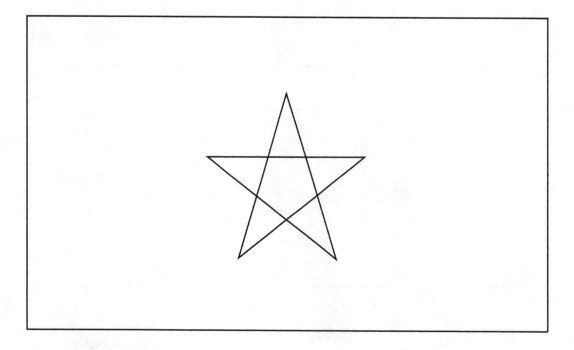

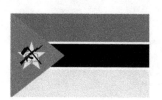 # MOZAMBIQUE

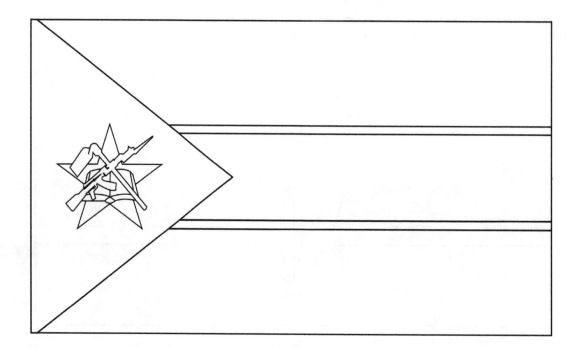

 # LESOTHO

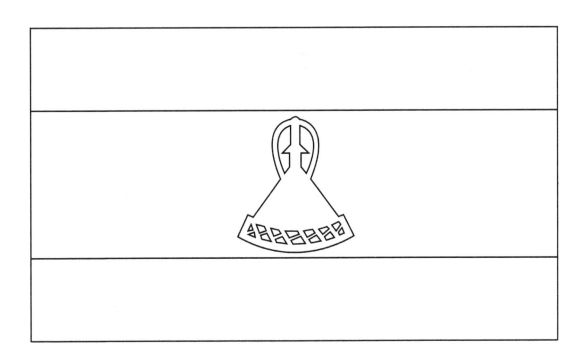

 # NAMIBIA

LIBERIA

LIBYA

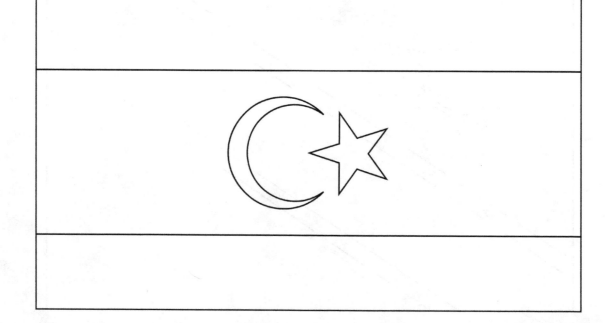

NIGER

NIGERIA

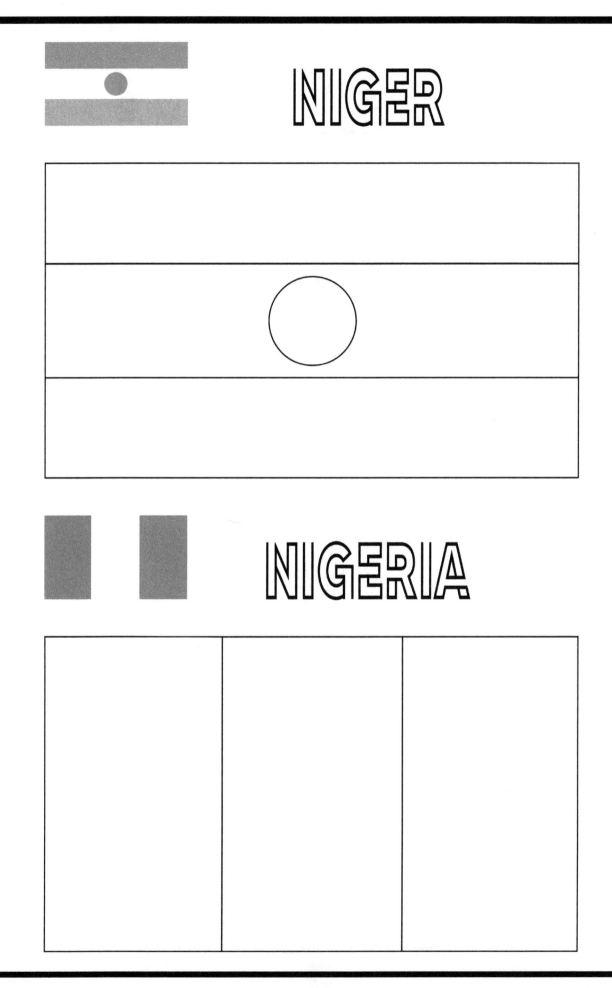

 # SAO TOME

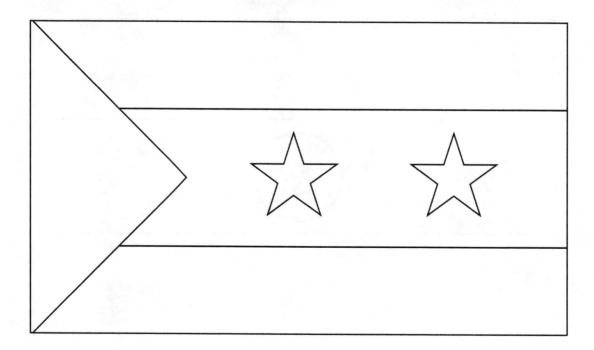

 # RWANDA

MAURITIUS

SENEGAL

 BRUNEI

 BHUTAN

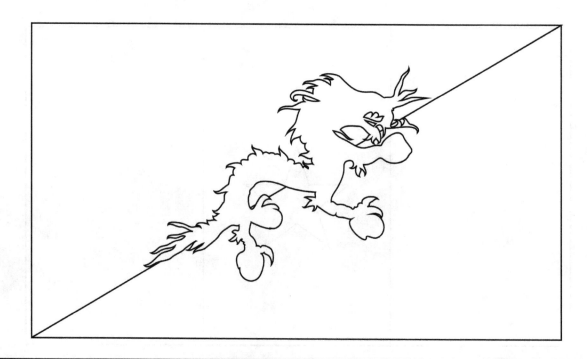

 # BANGLADESH

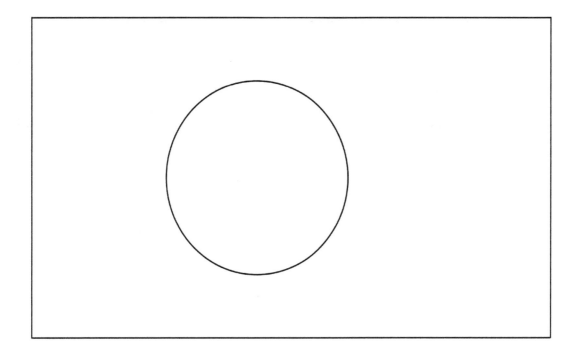

 # BAHRAIN

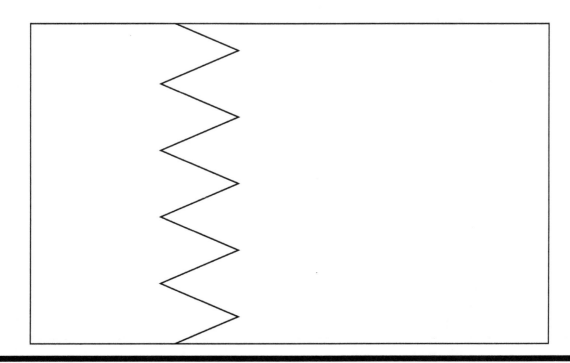

 # AZERBAIJAN

 # TURKMENISTAN

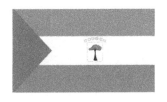

EQUATORIAL GUINEA

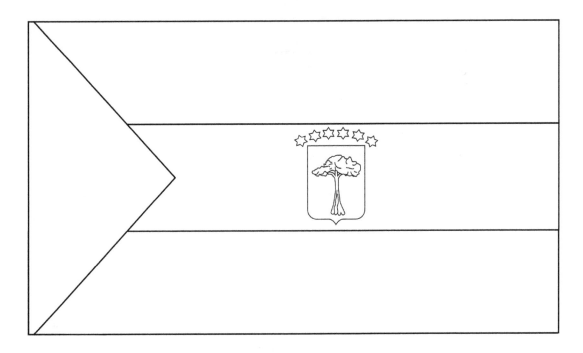

CABO VERDE

 # ZIMBABWE

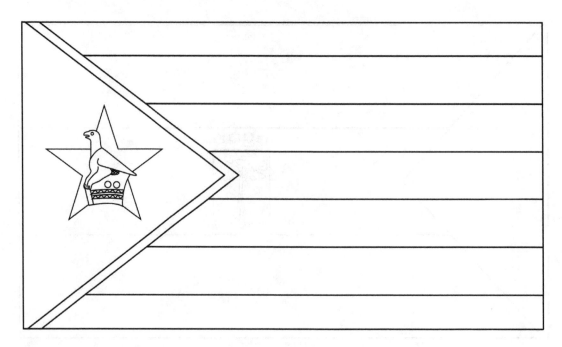

 # ZAMBIA

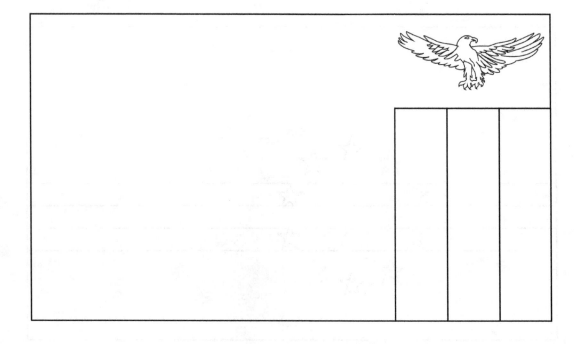

 # TUNISIA

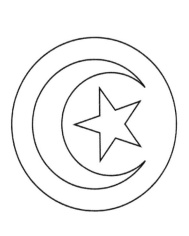

 # UGANDA

 SUDAN

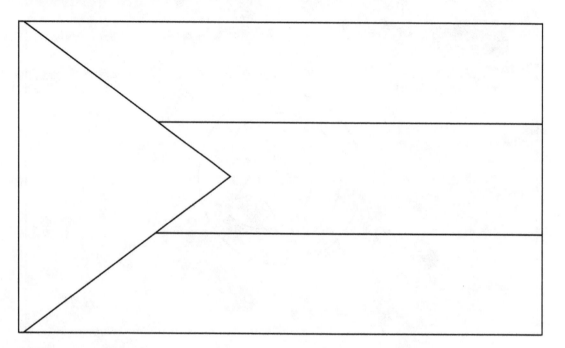

 TANZANIA

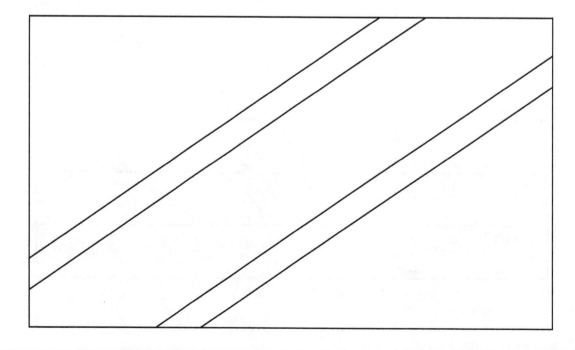

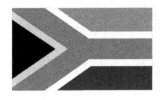 SOUTH AFRICA

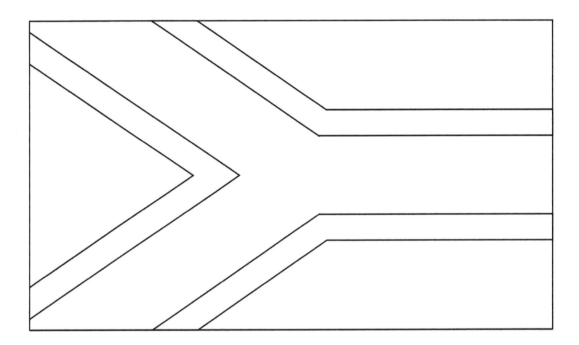

 SOUTH SUDAN

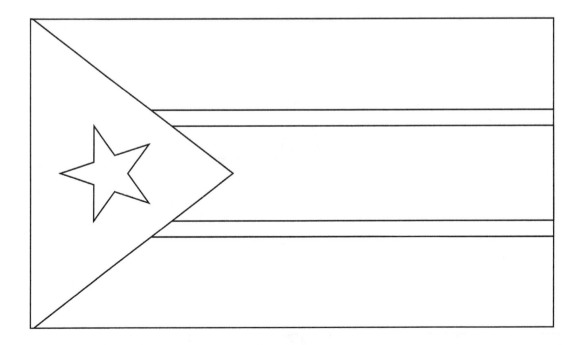

SIERRA LEONE

SOMALIA

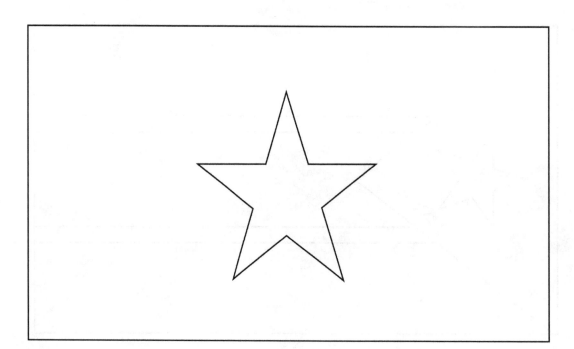

 # TOGO

 # SEYCHELLES

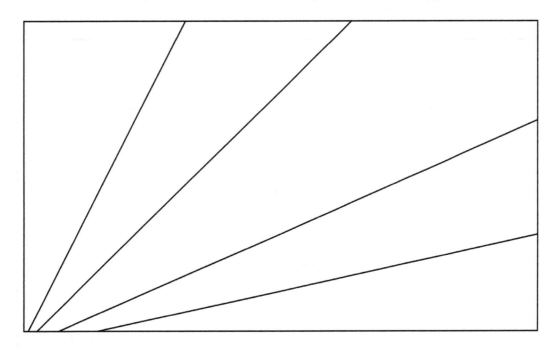

 CHINA

 CAMBODIA

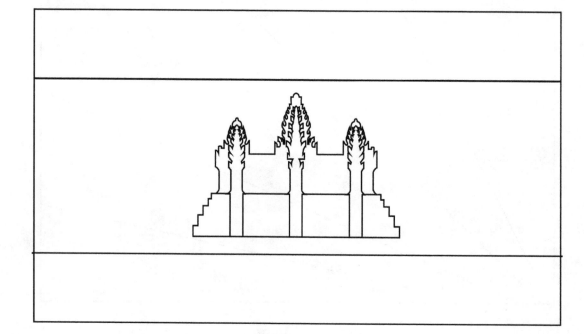

UZBEKISTAN

UNITED ARAB EMIRATES

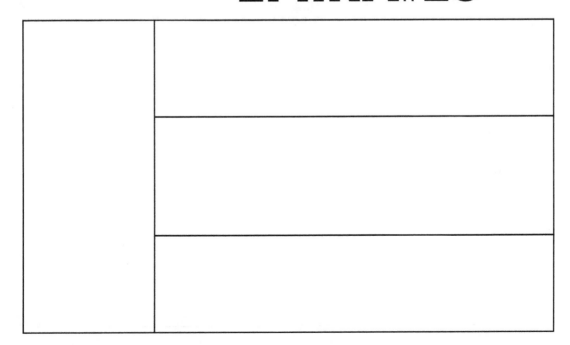

 # INDIA

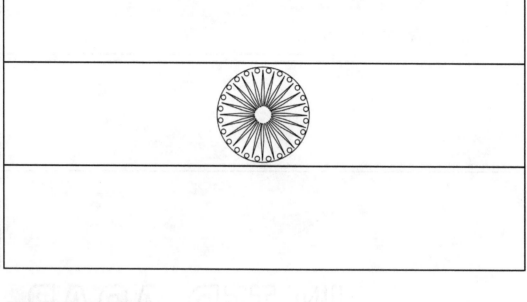

 # INDONISIA

IRAQ

IRAN

 JAPAN

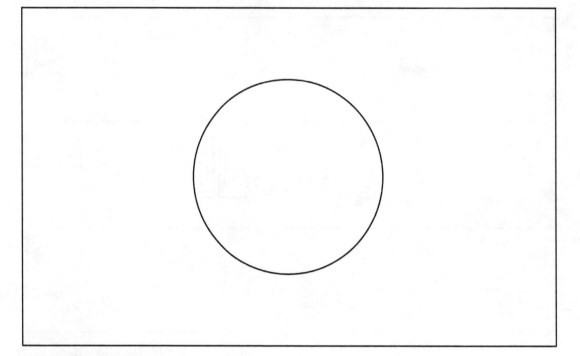

 JORDAN

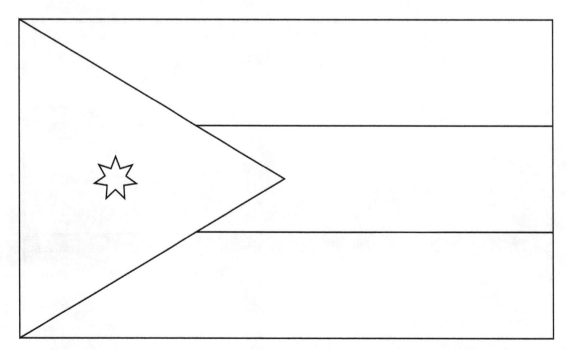

 KUWAIT

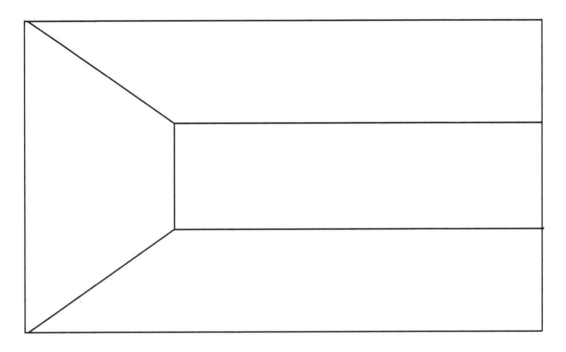

 KYRGYSTAN

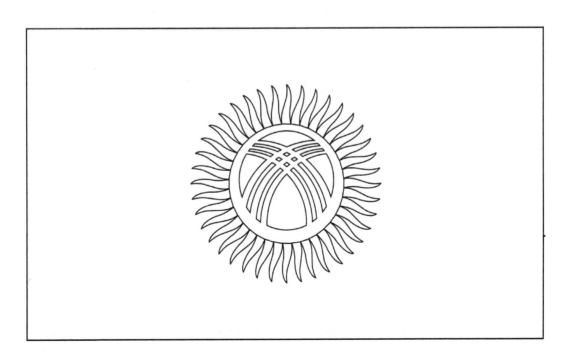

 # LEBANON

 # LAOS

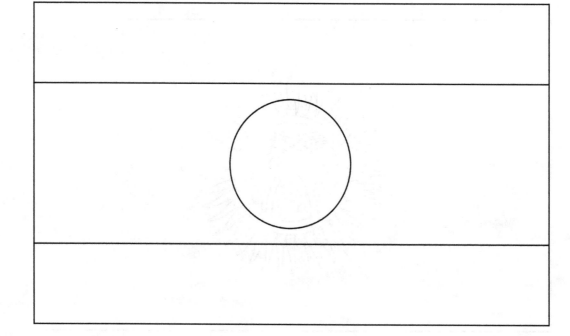

 MALAYSIA

 MALDIVES

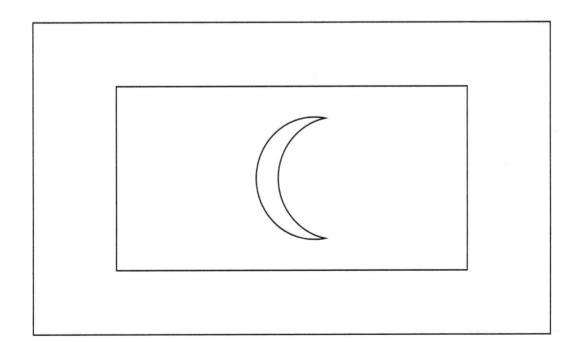

 # VIETNAM

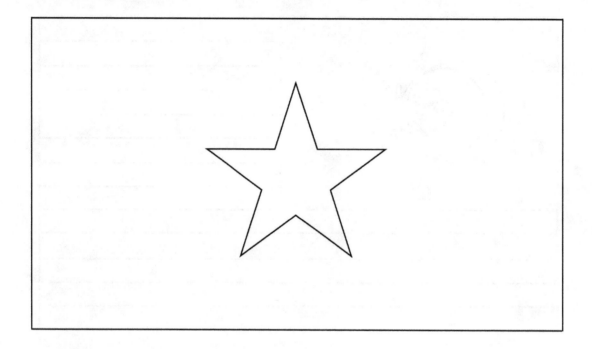

 # MYANMAR

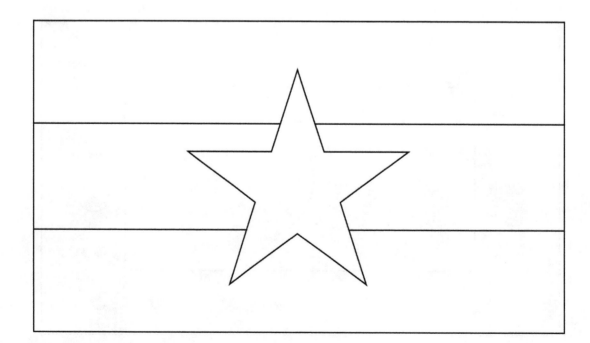

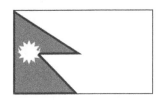 # NEPAL

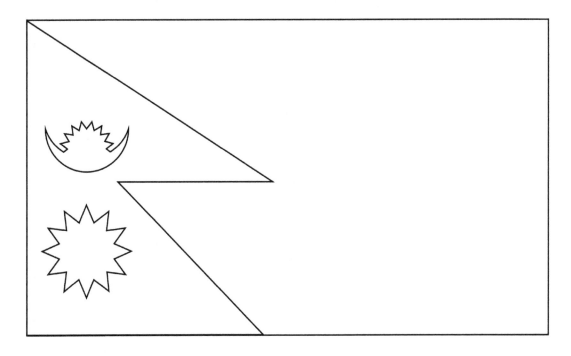

 # NORTH KOREA

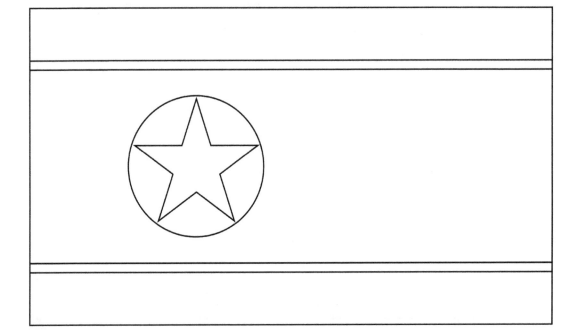

 # PAKISTAN

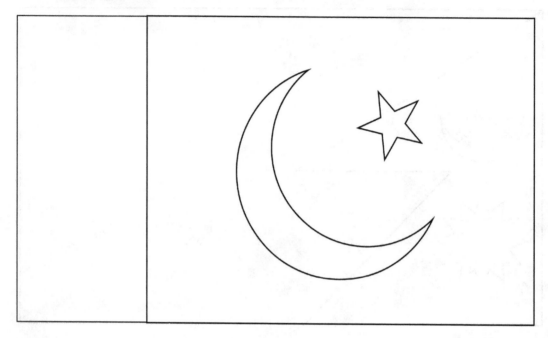

 # OMAN

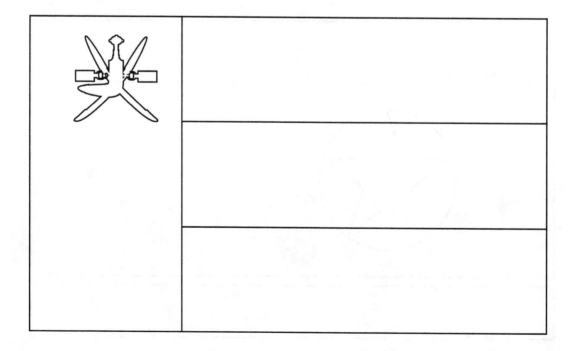

 # PHILIPPINES

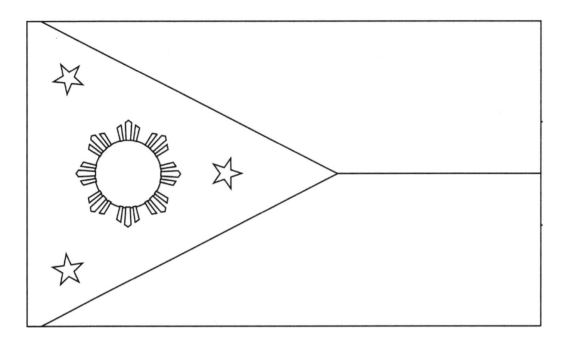

 # PALESTINE

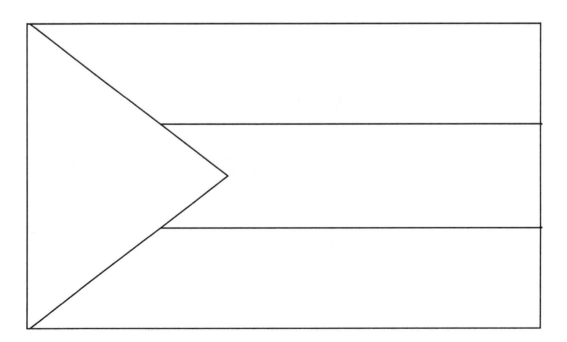

 # QATAR

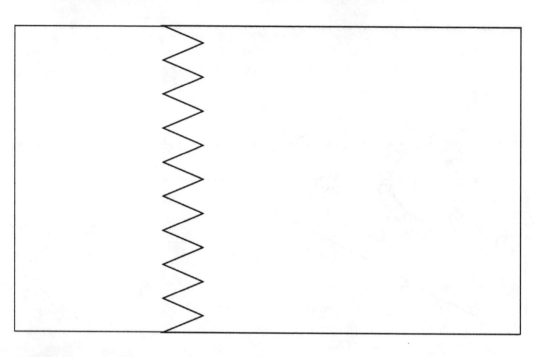

 # SAUDI ARABIA

 # SINGAPORE

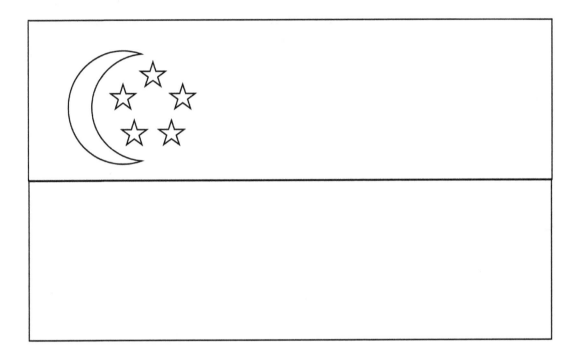

 # SOUTH KOREA

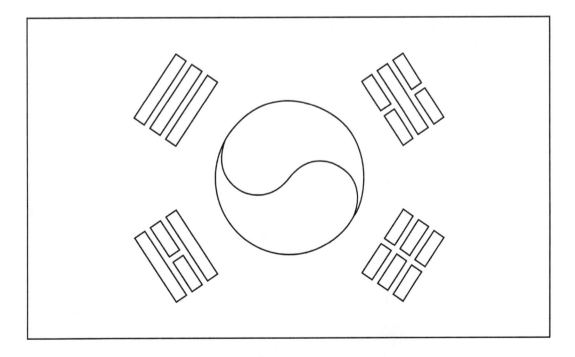

 # SYRIA

 # SRI LANKA

 # TAIWAN

 # TAJIKISTAN

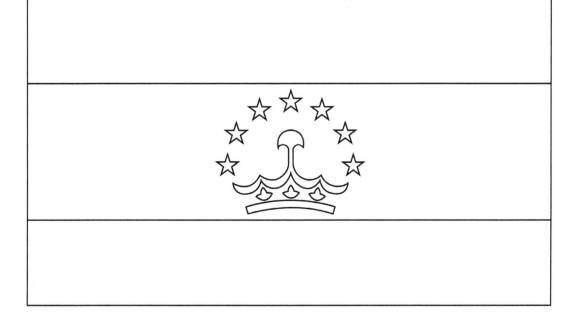

YEMEN

AFGHANISTAN

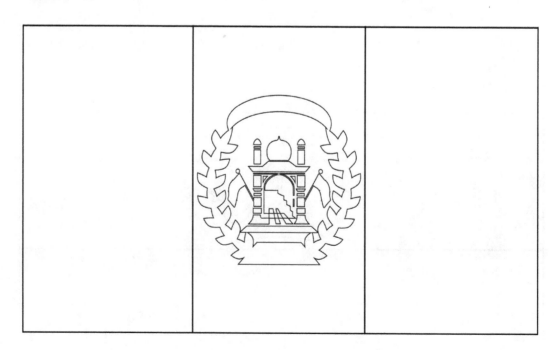

 # MONGOLIA

CPSIA information can be obtained
at www.ICGtesting.com
Printed in the USA
LVHW020809240623
750697LV00012B/769

9 798579 743312